**MAX OTTE
RETTET UNSER BARGELD!**

Das Buch

Mit erschreckender Geschwindigkeit hat die Debatte um die Begrenzung oder Abschaffung von Bargeldzahlungen Fahrt aufgenommen. Anfang 2016 schlug Wolfgang Schäuble eine Obergrenze für Barzahlungen von 5000 Euro vor. In Frankreich dürfen nur noch Beträge bis 1000 Euro bar bezahlt werden, in Griechenland bis 1500 Euro. Nun diskutiert die EU die Einführung einer Obergrenze für Bargeldzahlungen. Max Otte entlarvt die Scheinargumente der Bargeldgegner und skizziert, was bei einer Bargeldabschaffung droht: Wir werden zu Geiseln der Banken. Alle unsere Ein- und Verkäufe werden gespeichert. So kann der Kauf von bestimmten Gütern reglementiert oder es können individuelle Preise festgelegt werden. Die drohende Bargeldabschaffung hat einen ernsten Hintergrund: Stabil ist unser Geld schon lange nicht mehr. Der Geldabfluss soll verhindert werden, weil unser Finanzsystem faktisch pleite ist. Ein Neustart ist ohne Bargeld einfacher zu realisieren – auf Kosten der Bürger, die ihre Ersparnisse verlieren würden. Ein mahnender, kluger Zwischenruf zu einem Thema, das jeden Bürger betrifft.

Der Autor

Max Otte wurde an der Princeton University promoviert, ist Professor für internationale BWL und Unternehmensanalyse an der Hochschule Worms und der Universität Graz sowie Leiter des von ihm gegründeten Instituts für Vermögensentwicklung (www.privatinvestor.de) und unabhängiger Fondsmanager (www.max-otte-fonds.de). Er hat mehrere erfolgreiche Bücher zu Wirtschafts- und Kapitalmarktthemen veröffentlicht. 2006 warnte er vor der später hereinbrechenden Finanzkrise; sein Buch *Der Crash kommt* stand monatelang auf den Bestsellerlisten.

In unserem Hause sind von Max Otte bereits erschienen:

Der Crash kommt · *Der Informations-Crash*
Die Krise hält sich nicht an Regeln · *Investieren statt sparen*
Stoppt das Euro-Desaster!

MAX OTTE

RETTET UNSER BARGELD!

Ullstein

ISBN 978-3-550-08158-3

© 2016 by Ullstein Buchverlage GmbH, Berlin
Alle Rechte vorbehalten
Umschlaggestaltung: Sabine Wimmer, Berlin
Umschlagfoto: privat
Gesetzt aus der Adobe Garamond
Satz: LVD GmbH, Berlin
Druck und Bindearbeiten: CPI books GmbH, Leck
Printed in Germany

Inhalt

Bargeldabschaffung: Das Ende von
Demokratie und Freiheit   9

Der Krieg gegen das Bargeld   13

Geldschöpfung und die Herrschaft der
Finanzoligarchie   19

Die westlichen Industrienationen:
Vor dem Endspiel   29

Schöne neue Welt der Datenkraken   37

Fast ohnmächtig vor Wut der Gewalt entgehen   41

Anmerkungen   45

*Und ich sah ein anderes Tier aufsteigen aus der Erde
(…) Und es macht, dass die Kleinen und die Großen,
die Reichen und die Armen, die Freien und die Knechte
allesamt sich ein Malzeichen geben an ihre rechte Hand
oder an ihre Stirn, dass niemand kaufen oder verkaufen
kann, er habe denn das Malzeichen (…)*

Die Offenbarung des Johannes,
Kap. 13, 11 u. 16–17

Geld ist geprägte Freiheit.
Fjodor Michailowitsch Dostojewski

Bargeldabschaffung: Das Ende von Demokratie und Freiheit

Mit erschreckender Geschwindigkeit werden Banknoten und Geldmünzen aus dem Verkehr gedrängt. Nachdem wir uns 2002 von der D-Mark verabschieden und dann 2010 hinnehmen mussten, dass die Europäische Union zu einer Schuldenunion umgestaltet wird,[1] geht es jetzt ans Eingemachte: unser Bargeld.

Der neue Chef der Deutschen Bank, John Cryan, machte beim Weltwirtschaftsforum in Davos im Januar 2016 einen massiven Vorstoß zur Bargeldabschaffung: Cash sei fürchterlich teuer und ineffizient. Bargeld helfe nur noch Geldwäschern und anderen Kriminellen, ihre Geschäfte zu verschleiern. Deswegen werde es in den nächsten zehn Jahren wohl verschwinden.[2]

»War on Cash« – »Krieg gegen das Bargeld«:[3] Das klingt ähnlich wie »Krieg gegen den Terrorismus«. Das ist kein Zufall. Bargeld soll in die Nähe von Terrorismus und Kriminalität gerückt werden. Manchmal wird auch argumentiert, Bargeld sei unhygienisch oder ineffizient.[4] In der schönen neuen Welt ohne Bargeld soll es uns allen viel besser gehen. Dabei würde sich der Traum einer Welt ohne Bargeld sehr schnell als Alptraum entpuppen, genau wie die schöne neue Welt aus dem gleichnamigen Zukunftsroman von Aldous Huxley.[5]

Am 24. Februar 2016 lief im *heute journal* ein Beitrag,

der in locker-flockig neutralem Ton beschrieb, dass in Schweden mittlerweile Versuchspersonen ein kleiner Bezahlchip unter die Haut der rechten Hand eingepflanzt wird.[6] Ich weiß nicht, wie es Ihnen geht – aber mir gruselt bei dem Gedanken.

Eine bargeldlose Welt würde uns unserer Freiheit berauben und uns zu schutzlosen Subjekten eines allmächtigen Systems machen. Eine Staats- und Konzernwirtschaft, der wir restlos ausgeliefert sind:

- In einer bargeldlosen Wirtschaft würden wir zwangsläufig zu »Geiseln der Banken« gemacht, so *Handelsblatt*-Journalist Norbert Häring, Deutschlands wohl bestinformierter und hartnäckigster Gegner der Bargeldabschaffer.[7]
- Wenn die (weitgehend) bargeldlose Wirtschaft umgesetzt ist, könnten bankrotte westliche Industrienationen einen »Neustart« unseres Währungssystems inklusive weitreichender Enteignungen durchführen.
- Ihr ganzes Leben wird durchsichtig. Alle Ihre Käufe und Verkäufe sind bekannt und auf ewig registriert. Es gibt keine Geheimnisse mehr – zumindest keine, die etwas kosten.
- Ihre Konsumgewohnheiten wandern in extrem leistungsfähige Datenbanken. Ihr Profil wird zum Eigentum einer oder mehrerer Konzerne. Ihr Profil wird zur Ware. SIE werden zur Ware.
- Das »System« – seien es Staaten oder Konzerne – hätte Methoden der Wirtschaftslenkung, von der man in früheren Planwirtschaften nur träumen konnte. Unliebsame Waren könnten individuell gesperrt oder verteuert werden. Oder Waren werden nur zeitweilig oder

an bestimmte Orte geliefert. Der Preis bestimmt sich nach der individuellen Zahlungsfähigkeit.
• Politisch unliebsamen Personen kann man einfach den Saft abdrehen, also das Geld sperren.

Was noch 2010 undenkbar war, ist heute bedrohlich nahegerückt. Von der Idee einiger Ökonomen, die in Deutschland Kenneth Rogoff 2014 zum ersten Mal bei einem Vortrag im Münchner ifo-Institut vertrat, bis zu einem Vorschlag Wolfgang Schäubles, bargeldlose Zahlungen auf maximal 5000 Euro zu begrenzen, dauerte es nur wenig mehr als ein Jahr. Die Europäische Zentralbank (EZB) unter Ex-Goldman-Sachs-Manager Mario Draghi hat sich dafür ausgesprochen, 500-Euro-Noten abzuschaffen. Und in der EU werden einheitliche Obergrenzen für Bargeldzahlungen diskutiert – angeblich, weil man den Terrorismus bekämpfen will.

In Deutschland bevorzugten 2014 noch 62 Prozent das Bargeld[8] – und das aus gutem Grund. Schon wenn Bargeld in die Randbereiche des Zahlungsverkehrs abgedrängt wird, lässt sich ein Kontrollstaat mit verfeinerten Methoden einführen. Ein solcher Komplex aus Staaten und Großkonzernen wäre dann keine »DDR light«, wie der Fondsmanager Felix Zulauf formulierte,[9] sondern eine »DDR 2.0«, ein optimierter Überwachungsstaat. Die weitgehende Bargeldabschaffung wäre der letzte Sargnagel für unsere in weiten Bereichen bereits ausgehöhlte Demokratie. Schon jetzt werden wir massiv überwacht. Schon jetzt sind die Konzernlobbys sehr mächtig geworden. Schon jetzt hat sich eine Oberschicht gebildet, die weitgehend leistungsfreie Einkommen bezieht.

In der vorliegenden kurzen Schrift beschreibe ich, wie

mit dem Bargeld auch die letzten Reste von echter Freiheit in unserem Land abgeschafft würden. Wie die jetzt schon desaströse Herrschaft der Finanzeliten absolut würde. Warum Bargeld unverzichtbar für eine funktionierende Demokratie ist. Lassen wir es nicht so weit kommen, dass es abgeschafft wird!

Ich zeige auf, was Sie konkret tun können. Noch ist es nicht zu spät. Gegen die Bargeldabschaffung können Sie effektiver zivilen Widerstand leisten als gegen viele andere Eingriffe des Staats. Denn Geld ist ein Rechtsgut. Mit dem Angriff gegen das Bargeld greifen wir auch den Rechtsstaat an. Noch haben wir viele unabhängige Gerichte. Nutzen Sie Ihren Spielraum!

Ohne Bargeld hätten wir keine Fahrraddiebe, keine Fernsehdiebe, und wer würde gestohlenes Kupfer kaufen, wenn man es nicht für Bargeld verkaufen könnte?

Björn Ulvaeus[10]

Der Krieg gegen das Bargeld

Der »Krieg gegen das Bargeld« wird mit allen Mitteln der Meinungsbeeinflussung, Desinformation, Propaganda und der Einschüchterung geführt. Eine mächtige Koalition aus vier Gruppen hat sich zusammengefunden, um dem Bargeld den Garaus zu machen: 1. Banken, 2. Anbieter von elektronischen Bezahlsystemen, 3. e-Commerce-Unternehmen und Datenkraken und 4. Politiker. Alle haben ein großes Interesse daran, die bargeldlose Welt zu schaffen, weil sie dann viel mehr verdienen und ungestört vom Willen der Bürger wirtschaften können.

1. **Banken:** Die Politik ist schon seit längerem von der Finanzbranche »gekapert« und dieser hörig.[11] Ohne Bargeld wäre die Macht der Finanzoligarchie total.[12]
2. **Anbieter von Zahlungssystemen:** Eine kostenfreie rechtssichere und sichere Währung wurde bislang als öffentliches Gut von den Staaten angeboten. In der bargeldlosen Welt würden Anbieter elektronischer Zahlungen ein, zwei oder mehr Prozent bei jeder Transaktion abgreifen. In kürzester Zeit hätten sich, wie im Technologiebereich üblich, Oligopole gebildet, die ihren Markt zu Lasten der Kunden fest im Griff haben.

3. **e-Commerce-Unternehmen und Datenkraken:** Amazon, Google, Facebook & Co. würden in einer bargeldlosen Welt frohlocken: Alle Einkäufe wandern in einen großen Datenpool. Damit ließen sich »individuelle« Angebote und Preise für jeden erstellen. Was gut klingt, schafft tatsächlich maximale Intransparenz. Denn die Verbraucher kennen weder ihren Datensatz noch die komplexen Algorithmen, mit denen sie gesteuert werden. Menschen werden zu Datensätzen, mit denen man handeln kann. Maximaler Profit, maximale Kontrolle.
4. **Politik:** Viele Finanzpolitiker der latent bankrotten westlichen Industrienationen scheinen ganz begeistert von der Idee zu sein. Natürlich: Ohne Bargeld lässt sich die Entschuldung der Staaten, die Enteignung der Sparer und der Neustart unseres Finanzsystems viel einfacher durchführen. Und dieser Neustart muss kommen. Es ist ausgeschlossen, dass das System jetzt noch zu retten ist.

Die Koalition der Bargeldgegner ist stark, gut vernetzt und hervorragend organisiert. In jüngster Zeit haben die Bargeldgegner massive Geländegewinne verbuchen können: In Frankreich gilt seit September 2015 eine Bargeldobergrenze von 1000 Euro (davor 3000 Euro), in Italien bereits seit 2012. In Griechenland wurden Bargeschäfte von mehr als 1500 Euro mit Jahresanfang 2011 illegal, solange zumindest ein Partner gewerblich aktiv ist. Schon jetzt können Sie in Schweden im öffentlichen Personennahverkehr teilweise nicht mehr mit Bargeld zahlen. Für Dänemark liegt ein Gesetzesentwurf vor, der auch Tankstellen und Kneipen von der Pflicht entbinden würde,

Bargeld anzunehmen.[13] Und seit Anfang 2016 wird eine einheitliche Obergrenze für Zahlungen in der Europäischen Union diskutiert.

Meinungsbeeinflussung, Desinformation und Propaganda: »Krieg gegen das Bargeld« – es ist nicht mehr wie bei Dostojewski »gedruckte Freiheit«, sondern etwas, das bekämpft werden muss. Den Bargeldabschaffern hilft dabei, dass zunächst gar nicht so klar ist, was wir Bargeldbefürworter eigentlich verteidigen. Dass es uns letztlich um den Erhalt der bürgerlichen Demokratie geht.

In ihrer Schrift gegen das Bargeldverbot haben Ulrich Horstmann und Gerald Mann eine Vielzahl von Gründen aufgelistet, die gegen das Bargeldverbot sprechen: 1. ökonomische – Enteignung der Sparer durch Negativzinsen, 2. machtpolitische – die Bürger werden gläsern und die Digitalkonzerne und Regierungen undurchschaubar, 3. rechtliche – ein Unrechtsregime lässt sich leichter verwirklichen, wenn Geld seinen Eigentumscharakter verliert, 4. soziologische und kommunikative – noch mehr als in der früheren DDR wären Kontrolle und Gleichschaltung möglich, 5. mentale und psychologische – die Manipulation von Menschen wird erleichtert – sowie 6. technische Gründe – ein Systemausfall hätte katastrophale Folgen.[14]

Björn Ulvaeus ist meiner Generation bekannt als Autor wunderschöner Lieder und als Popstar. Das ABBA-Mitglied sagte im April 2013 in einem Interview, dass er bereits seit einem Jahr kein Bargeld mehr nutze und wunderbar damit klarkäme. Ohne Bargeld sei es viel praktischer, zudem könne man damit die Kriminalität eindämmen. Außerdem würde das ABBA-Museum kein Bargeld mehr akzeptieren. Man könne dadurch große Einsparungen erzielen und viel effizienter arbeiten.[15] Das klingt einleuchtend. Allerdings werden Sie die Aussagen von Ulvaeus in einem anderen Licht sehen, wenn Sie wissen, dass zu diesem Zeitpunkt die Firma Mastercard ein großer Sponsor des ABBA-Museums war. Und Mastercard natürlich ein massives Interesse am bargeldlosen Bezahlen hat.

Zudem erscheinen immer mehr Studien, wonach Bargeld ineffizient und unhygienisch sei.[16] Der *WDR* berichtete am 4. August 2015, dass nun in manchen Bäckereien Bezahlautomaten stünden, was natürlich viel hygienischer sei. In New York gibt es sogar ein »Dirty Money Project«, das unbekannte Keime auf Geld erforscht.[17]

Ein beliebter Kunstgriff der Bargeldgegner ist, dies in die Nähe von Kriminalität zu rücken. Bei seiner Rede im ifo-Institut im November 2014 zeigte der ehemalige Chefökonom des Internationalen Währungsfonds (IWF) Kenneth Rogoff Bündel von Bargeld zusammen mit automatischen Waffen und Päckchen von Drogen.[18] Der Suggestivkraft solcher Bilder kann man sich schwer entziehen.

Guillermo de la Dehesa ist ehemaliger spanischer Notenbanker und stellvertretender Direktor des IWF und Berater von Goldman Sachs. In der spanischen Tageszeitung *El País* behauptete er, dass man ohne Bargeld weniger Polizeikräfte bräuchte, sich die Zahl der Terroranschläge und Einbrüche verringere und auch die Zahl der Kriege sinken würde. Norbert Häring resümiert in seinem aktuellen Buch *Die Abschaffung des Bargelds und die Folgen*: »Man höre und staune: Sogar an Kriegen ist das Bargeld schuld und an aller Gewalt gegen Unschuldige.«[19]

Einschüchterung und Zwang: Bei bloßer Propaganda und Meinungsbeeinflussung belassen es die Bargeldgegner nicht. Sie wenden auch Zwang und Einschüchterung an. Wir sollen ein schlechtes Gewissen bekommen, wenn wir größere Mengen Bargeld zu Hause aufbewahren, von der Bank abheben oder damit bezahlen wollen – wenn es nicht direkt mit empfindlichen Strafen belegt wird wie bereits in Frankreich oder Italien.

Norbert Häring führt in seinem Buch viele Beispiele auf, wie uns das Bargeld mit Zwang verleidet werden soll:[20]

- Im April 2015 informierte die Großbank JP Morgan Chase ihre Kunden darüber, dass diese kein Bargeld mehr in den Schließfächern aufbewahren dürfen. Begründung: Auf dem Konto sei es sicherer und bequemer.
- In Schweden sind viele Bankfilialen schon komplett bargeldfrei. Wer dort, wo es noch geht, Bargeld einzahlen will, muss sich viele unangenehme Fragen gefallen lassen. Die Beweislast wird umgekehrt: Anstatt stolze freie Besitzer geprägter Freiheit zu sein, führt der Generalverdacht dazu, dass wir zunehmend eingeschüchtert sind.
- In der Schweiz weigern sich Banken mittlerweile häufig, große Summen Bargeld auszuzahlen. Das ist rechtswidrig. Und dieser eklatante Rechtsbruch macht die Vermögensinhaber zu Bittstellern.

Häring berichtet von einem Selbstversuch: Er wollte von seinem Konto 15 000 Euro abheben, mit der Erklärung, dass er ein Auto kaufen wolle. Nun sieht der langjährige *Handelsblatt*-Journalist sicher nicht aus wie ein Krimineller, und ich nehme an, dass auch seine Zahlungsgewohnheiten nicht besonders verdächtig sind. Am Schalter wurde Häring gesagt, man könne maximal 10 000 auszahlen und müsse höhere Summen bei der Zentrale anmelden. Mit Voranmeldung dauere es allerdings drei Arbeitstage. Erst nach der Frage, ob er nun durch verschiedene Filialen tingeln müsse, wurde Häring hereingebeten. Sein Pass wurde kopiert. Erst nach etlichen Telefonaten und Computereingaben konnte er sein Geld in Empfang nehmen.

Wenn Sie das schon fast als »normal« empfinden, erinnere ich Sie daran, dass es Härings Geld war, dass sein Konto gedeckt war, dass Geld gesetzliches Zahlungsmittel ist und dass er seinen Pass vorgelegt hatte. Wenn sich die Bank so bemüht, den Auszahlungsvorgang zu erschweren, dann gibt es wahrscheinlich neben der Kriminalitätsbekämpfung weitere Gründe. Denn auch Banken, die es sonst mit Geldwäsche und den Gesetzen nicht immer so genau nahmen, stellen sich bei der Bargeldauszahlung ziemlich kompliziert an.

Das Bargeldverbot wird von Banken und Regierungen vor allem deswegen vorangetrieben, weil man die Herrschaft der Finanzoligarchie sichern und einen Neustart des bankrotten Finanzsystems ermöglichen will. Unser Finanzsystem ist im Vergleich zu Realwirtschaft extrem aufgebläht. Die Regierenden fürchten plötzliche Abflüsse von Geld. Sie fürchten, dass wir Bürger unsere gesetzlichen Rechte wahrnehmen. Das faktisch insolvente System würde dann kollabieren. Deswegen versetzt man uns systematisch in die Rolle des Bittstellers und des Schuldigen, wenn es um das Bargeld geht. Vom Eigentumsrecht und geprägter Freiheit wird Geld zum perfekten Kontrollinstrument.

Es ist gut, dass die Menschen unseres Landes unser Banken- und Geldsystem nicht verstehen, denn sonst, so glaube ich, hätten wir noch vor morgen früh eine Revolution.

Henry Ford zugeschrieben[21]

Geldschöpfung und die Herrschaft der Finanzoligarchie

In meiner Streitschrift »Stoppt das Euro-Desaster!« beschrieb ich den schädlichen Einfluss der Finanzoligarchie und zeigte an drei Beispielen auf, wie diese die Gesetze weitgehend zu ihren eigenen Gunsten gestaltet und die Realwirtschaft schädigt.[22] Die Finanzbranche dominiert alle anderen Wirtschaftsbereiche; nur die großen Technologiekonzerne und Datenkraken sind ähnlich mächtig (und gefährlich). Viele toxische Geschäftsmodelle – Hypotheken-Sondermüll, Nanotrading und Derivate – schaden der Realwirtschaft. Goldman Sachs half zum Beispiel Griechenland mit Derivaten, sich in die Eurozone zu schmuggeln, und verdient heute prächtig am Leid der Griechen, während sich die Politiker der Eurozone gegenseitig die Schuld zuweisen.

Ihrer eigentlichen Aufgabe – die Realwirtschaft mit Krediten zu versorgen – kommt die Finanzbranche nur noch sehr unzureichend nach. Im Gegenteil: Gute, dezentrale Banken wie die Volks- und Raiffeisenbanken oder die Sparkassen werden durch unsinnige Gesetze und Verordnungen schwer belastet, während die toxischen Akteure – Schattenbanken,[23] Derivateemittenten und Investmentbanken – ungehemmt weitermachen.

Vor der Krise erzielte der Finanzsektor in den USA in der Spitze 40 Prozent aller Unternehmensgewinne. Im Jahr 1950 waren es noch acht Prozent.[24] In der Finanzkrise brachen die Gewinne kurz ein, nur um recht schnell wieder zu steigen. Und die Gehälter und Boni sind in der Branche weiterhin exorbitant hoch.

Es hat sich eine unproduktive, oftmals parasitäre Kaste gebildet. Das ist nur möglich, weil die großen Finanzmarktakteure sich die Politik gefügig gemacht haben. In jüngerer Zeit griff Simon Johnson, ehemaliger Chefökonom des IWF, das Bild von einer »Kaperung der Politik durch die Finanzbranche« auf.[25] Geleitet vom Druck der Finanzbranche und den Verlockungen ihrer Spenden wurden die Regeln von der Politik so gestaltet, dass die Spekulation weitergehen kann und die guten Finanzmarktakteure eher behindert werden. Sparkassen, Volks- und Raiffeisenbanken werden extrem scharf reguliert und beaufsichtigt, während Hedgefonds und Investmentbanker weitermachen wie bisher.

In Deutschland war es die rot-grüne Bundesregierung von Gerhard Schröder und Joschka Fischer, die die Weichen für eine Entfesselung der Finanzmärkte stellte. Genauso wie in den USA die Clinton-Administration und in England die Regierung von Tony Blair. Nein, diesbezüglich hat sich die Sozialdemokratie wirklich nicht mit Ruhm bekleckert.

Besonders mächtig sind die großen Banken und Finanzmarktakteure der amerikanischen Ostküste. Hier wird oft Politik für die Welt oder zumindest »den Westen« (was immer das ist) gemacht. Im Zentrum des Beziehungsnetzes sitzen heute die Investmentbank Goldman Sachs und als Newcomer die Investmentgesellschaft

Blackrock, die beträchtliche Anteile an fast allen der größten deutschen Aktiengesellschaften hält.[26] Auch die großen Investmentgesellschaften und die Ratingagenturen spielen mit.[27] Wie die Elite tickt, hat die Beraterin Sandra Navidi in ihrem Buch über die Super-Hubs erfrischend offen herausgearbeitet.[28]

Hank Paulson war bis 2006 Vorstandsvorsitzender bei Goldman Sachs, bevor er als amerikanischer Finanzminister seinen alten Arbeitgeber und andere Banken in der Finanzkrise retten durfte. Mario Draghi war dort. Der EZB-Chefökonom Otmar Issing wechselte nach Ende seiner Amtszeit als Berater zu Goldman Sachs. Philipp Hildebrandt, ehemals Präsident der Schweizer Nationalbank, wechselte zu Blackrock. Neuester Zugang bei Blackrock: Friedrich Merz, ehemals Hoffnungsträger der CDU.[29] Die Liste ließe sich endlos fortsetzen.

Norbert Häring dokumentiert, dass die bekanntesten Anti-Bargeld-Krieger Mario Draghi, Ken Rogoff, Larry Summers, Mario Monti, Romano Prodi und Philipp Hildebrandt über ein ganzes Netzwerk von Institutionen verbunden sind – die Group of Thirty, ein Ausschuss großer Banken, MIT, Harvard, Goldman Sachs, die EU-Kommission und auch die Bilderberg-Konferenzen. Selbst wenn dort keine Masterpläne für eine Weltverschwörung entstehen, so ist doch anzunehmen, dass Ideen wie die Bargeldabschaffung sondiert werden und diese Foren für einen gewissen Gleichklang des Denkens sorgen.[30]

Die Finanzoligarchie konnte so mächtig werden, weil die Produktion und Ausgabe von Geld in den meisten Ländern nicht geregelt ist. Häring: »Geld ist ein Rechtsgut. Wer Geld in welcher Form und Menge ausgeben und zu welchen Bedingungen er es in den Verkehr bringen darf, sollte in einem Rechtsstaat gesetzlich geregelt sein. Das war und ist in den USA nicht der Fall, und dasselbe gilt auch für Deutschland und Europa.«[31]

Wer Geld »produziert«, kann fast ohne Gegenleistung riesige Gewinne einstreichen. So schreibt die promovierte Ökonomin und Linksfraktion-Chefin Sahra Wagenknecht in ihrem neuen Buch *Reichtum ohne Gier*: »Geld ist nicht knapp, denn Geld kostet nichts. Wer die Lizenz zur Geldschöpfung hat, hat ein ungeheures Privileg gegenüber allen anderen Wirtschaftsteilnehmern.«[32] Und dieses Privileg hat sich die Finanzbranche schon zu großen Teilen selbst übertragen. Die Bargeldabschaffung wäre der letzte Schritt.

Geld ist zweifelsohne eines der interessantesten und vielleicht auch mysteriösesten Phänomene unseres Wirtschaftslebens. Es kann in unzähligen Formen auftreten: Gold, Kühe, Sklaven, Muscheln, Zigaretten, Münzen, Banknoten und bloße Bucheinträge in Bankbilanzen – all diese Dinge wurden zu verschiedenen Zeiten schon als Geld verwendet. Damit Gold oder Rinder oder ein abstraktes Wirtschaftsgut wie Zahlen auf Girokonten zu Geld werden, müssen diese *allgemein akzeptiert* sein. Das funktioniert so lange, wie das Vertrauen in das Wirtschaftssystem im Allgemeinen und das Geld im Besonderen vorhanden ist. Dann können auch die enormen Summen, die nur noch als Buchgeld in den Bilanzen der Banken stehen, als Geld fungieren.

Belassen wir es hier bei der allgemein anerkannten volkswirtschaftlichen Definition: Etwas ist dann Geld, wenn es drei Funktionen erfüllt: 1. Wertaufbewahrung, 2. Tauschmittel und 3. Rechenmaßstab. Wenn diese Funktionen gegeben sind, kann ALLES zu Geld werden.

Es kommt also nicht darauf an, ob Geld physisch durch Gold hinterlegt ist. Auch nicht, ob eine Notenbank staatlich oder privat ist, wenn sie nur Gesetzen folgt, die die obengenannten drei Funktionen garantieren.

Die Finanzbranche konnte ihre enorme Macht erlangen, weil sie über das Geldschöpfungsprivileg verfügt, das in früheren Zeiten nur den Landesherren zustand. In modernen Wirtschaften wird Geld benötigt. Irgendjemand muss es produzieren – seien es Münzen, Banknoten oder eben Buchgeld. Sobald der Nominalwert des Geldes seinen Materialwert übersteigt, entsteht ein »Geldschöpfungsgewinn«, traditionell auch »Seignorage« genannt. Die Geldproduktion kostet fast nichts. Mit dem frisch gedruckten Geld kann man sich deutlich mehr kaufen, als man in die Produktion investierte.

Weil wir heute sehr oft bargeldlos zahlen, ist dieser Geldschöpfungsgewinn besonders hoch. Banken können Geld aus dem Nichts schaffen – und tun dies auch. Als Kindern hat man uns in den siebziger Jahren auf dem Weltspartag erklärt, dass die Banken unsere Ersparnisse nehmen und dieses Geld an Unternehmer und Handwerker verleihen. Von der Differenz zwischen Kreditzins und Guthabenzins für die Sparer würden die Banken leben. Das klingt gut. Nur: So ist es nicht. Wenn eine Bank einen Kredit vergibt, hat das nur äußerst indirekt etwas mit unseren Spareinlagen zu tun. Sie schafft das Guthaben einfach elektronisch.

Links in der Bilanz wird der Kredit als werthaltige Forderung bei den Aktiva (Vermögenswerten) eingebucht. Rechts bei den Passiva (Verbindlichkeiten und Eigenkapital) wird dem Kunden ein gleich großes Guthaben eingebucht (= Forderung gegen die Bank, Buchgeld, Giralgeld). Der Kredit muss zwar auf der Aktivseite mit einem Prozent Zentralbankgeld hinterlegt werden, der sogenannten Mindestreserve, aber darüber hinaus können Banken Geld quasi aus dem Nichts schaffen.

Aktuell verdienen die Banken ein paar Prozent auf die Kredite und zahlen so gut wie keine Zinsen auf Kontoguthaben oder Tagesgeld. In Europa sind aktuell ungefähr 17 Billionen Euro an Krediten vergeben. Norbert Häring schätzt den jährlichen Seignorage-Gewinn der Banken in Europa in einer ersten groben Näherung auf bis zu 300 Milliarden Euro.[33] Da muss man sich nicht wundern, dass die meisten Büroviertel von Bankpalästen dominiert werden!

Die Finanzbranche hat also eine »Lizenz zum Gelddrucken«, wie Sahra Wagenknecht schreibt: »Die privaten Banken haben diese Lizenz im Wortsinn: Sie dürfen aus eigener Kraft und ohne Autorisierung durch irgendwen elektronisches Geld ›drucken‹.«[34]

Bei dieser wundersamen Geldvermehrung gibt es dann Probleme, wenn viele Bürgerinnen und Bürger auf einmal an ihr Geld wollen. Denn dann stellt sich heraus, dass das Buchgeld nur zu einem sehr geringen Teil durch Bargeld oder Zentralbankgeld gedeckt ist. Und irgendwann droht das Schneeballsystem durch eine Bankpanik aufzufliegen.

Eigentlich war es schon 2008 im Weltfinanzsystem so weit. Und 2012 im Eurosystem. Aber die Notenbanken haben in beiden Fällen Billionen frischen Geldes zur Verfügung gestellt, damit die Banken weiter Banknoten drucken konnten. Und das Schneeballsystem weiterlaufen kann.

Immer wieder wird Gold als Anker für das Währungssystem vorgeschlagen. Gold könnte tatsächlich die Banken und die Finanzbranche disziplinieren. Von 1821 bis 1914, der Ära des klassischen Goldstandards, kostete die Unze Gold drei britische Pfund, 17 Schilling und 10 ½ Pennys. Es konnte also ohne Golddeckung nicht zu viel Geld ausgegeben werden, sonst wäre der Schwindel relativ bald aufgeflogen.

Ein Währungswettbewerb der Banken – wie er gerne von ultraliberalen Denkern vorgeschlagen wird – wäre für die Weltwirtschaft ein Desaster. In den USA gab es im neunzehnten Jahrhundert eine Zeit, in der jede Bank ihre eigenen Noten ausgab und es nicht die eine »Notenbank« gab. Je nach Kreditwürdigkeit der jeweiligen Bank kursierten diese Noten dann mit einem Auf- oder Abschlag. Ob eine der vielen Banken dann wirklich zahlungsfähig war oder in die Insolvenz ging, war unsicher. Die elementaren Geldfunktionen der Wertaufbewahrung, des Tauschmittels und vor allem des Rechenmaßstabs waren also nur unzureichend erfüllt.

In der zweiten Hälfte des neunzehnten Jahrhunderts setzte sich in vielen Ländern die Einsicht durch, dass die Geldausgabe in die Hand des Staates gehört, weil Geld eben ein »Rechtsgut« (Norbert Häring) oder ein »öffentliches Gut« (Sahra Wagenknecht) ist. Damals entstanden die meisten staatlichen Notenbanken. Erst 1913 schufen einflussreiche Bankierskreise eine – allerdings private – Zentralbank für die USA, welche die Fed bis heute ist. Die Rechtsform als solche ist kein Problem, denn auch eine private Institution kann durch entsprechende Gesetze so gestaltet werden, dass sie der Öffentlichkeit dient. Fed Chairman Paul Volcker war der Prototyp eines Staatsdieners. Auch an der persönlichen Integrität von Ben Bernanke, der Direktor meines Doktorandenprogramms in

Princeton war, hege ich keinen Zweifel. Die Ansichten des ehemaligen Notenbankchefs kann ich allerdings nicht teilen: Sein erklärtes Ziel, eine Rezession und Deflation nicht zuzulassen, mag er für die Dauer seiner Amtszeit erreicht haben. Aber die amerikanische Mittelschicht ist geschrumpft, viele sind verarmt, die Zahl der Superreichen ist massiv gestiegen.

Wenn Geld ein öffentliches Gut und damit ein Rechtsgut ist, dann sollte sich die Wissenschaft mit der Gestaltung dieses Gutes befassen. Es wäre viel umzubauen am System. Und das wäre möglich, wenn der politische Wille dazu vorhanden wäre. Aber die Finanzwissenschaft ist fest in der Hand der Banken und Zentralbanken, wie die *Huffington Post* 2009 herausfand: In den USA machen die ungefähr 500 Ökonomen, die bei der Federal Reserve und ihren regionalen Organisationen beschäftigt sind, sowie diejenigen, die irgendwann einmal auf der Gehaltsliste der Fed standen, den Großteil aller anerkannten Ökonomen im Fach Geldtheorie aus. Von der etablierten Ökonomie können wir also wenig Schützenhilfe erwarten.

In Deutschland tritt der Verein Monetative e. V. (www.monetative.de) für eine Reform des Geldsystems ein und plädiert dafür, dass Bankenkredite durch Spareinlagen gedeckt sein müssen. Dies wäre eine weitreichende und wichtige Reform des Bankwesens, aber noch nicht ausreichend. Genauso wichtig wäre es, die Regeln rückabzuwickeln, die wir in den letzten Jahren erst erlassen haben. Sie benachteiligen größtenteils die Kreditvergabe, kleine Banken und Unternehmen und fördern die großen und die Zocker. In ihrem Buch macht Sahra Wagenknecht etliche bedenkenswerte Vorschläge für eine Reform des Bankwesens.

Und ein ganz wichtiger Schritt wäre, der Deutschen

Bundesbank ihre Unabhängigkeit zurückzugeben. Immerhin hat diese unpolitische und rechtsstaatliche Institution mehr als vierzig Jahre lang recht gut funktioniert. Ebenso notwendig ist es, dem Verbot der gegenseitigen Haftung der Staaten in Europa gemäß Art. 24 EU-Vertrag, bekannt als »No-Bail-Out-Klausel«, wieder Geltung zu verschaffen. Die lässt sich nur durch eine grundlegende Reform der Eurozone bewerkstelligen. Und, wenn nötig, durch einen Austritt. Das Europäische Währungssystem fester, aber anpassungsfähiger Wechselkurse, von Helmut Schmidt und Valéry Giscard d'Estaing 1979 gegründet, funktionierte fast zwanzig Jahre lang hervorragend. Es sind also bewährte Initiativen vorhanden.

*Der Verzicht auf Weltpolitik
schützt nicht vor ihren Folgen.*

Oswald Spengler[35]

Die westlichen Industrienationen: Vor dem Endspiel

Die westlichen Wirtschaftsnationen und Japan unter Führung der USA stehen vor dem Bankrott. Die Politik des billigen Geldes und der Insolvenzverschleppung auf staatlicher Ebene ist am Ende. Eine Neuordnung der Welt ist unvermeidlich, ein »großer Neustart«, wie es der holländische Wirtschaftsexperte und Fondsmanager Willem Middelkoop bezeichnet.[36] Wir stehen unmittelbar vor dem Endspiel.[37] Dabei kommt der Bargeldabschaffung eine zentrale Rolle zu.

Als ich mein Buch *Der Crash kommt* in der ersten Jahreshälfte 2006 schrieb,[38] sagte ich den Ausbruch einer großen Wirtschafts- und Finanzkrise in den Jahren 2007 bis 2010, wahrscheinlich aber 2008, voraus. Ich hatte vor allem zwei Ursachen für die Krise benannt: erstens eine hemmungslose Aufblähung der Schulden und des Finanzsektors in Verbindung mit toxischen Finanzprodukten, gestützt durch die Lobbymacht der Finanzbranche. Und zweitens die Verschiebung des Zentrums der Weltwirtschaft – von den USA und Europa hin zu Asien und China.

Mittlerweile sind acht Jahre seit der heißen Phase der Finanzkrise verstrichen. Wir haben uns durch eine ultralockere Geldpolitik Zeit erkauft, aber diese Zeit haben wir nicht genutzt. Der Finanzsektor ist mächtig wie eh und je.

Die neuen Gesetze – zum Beispiel die Dokumentationspflicht bei Beratungsgesprächen und die Eigenkapitalrichtlinien – belasten vor allem die guten und die kleinen Banken.

»Whatever it takes« werde er tun, um den Euro zu erhalten, versprach Mario Draghi, Präsident der EZB.[39] Und er hält sein Wort. Mit immer härteren Zwangsmaßnahmen – dazu gehören Negativzinsen – versuchen die USA und ihre europäischen Vasallen sowie Japan, die schwächelnde Konjunktur am Laufen zu halten. Denn sie wissen: Wenn der Motor noch einmal stockt wie im Herbst 2008, ist der Ofen aus. Dann muss wirklich ein Neustart, eine Neuorganisation unseres Währungssystems, erfolgen.

Damit Geld seine Wertaufbewahrungsfunktion erfüllen kann, muss es eigentlich knapp sein. Die Geldmenge sollte in etwa so stark wachsen wie die Wirtschaftsleistung. Das ist schon lange nicht mehr der Fall. Seit der Finanzkrise haben wir ein Welt-Bruttoinlandsprodukt an neuen Schulden hinzuaddiert, wie die Unternehmensberatung McKinsey im Frühjahr 2015 vorrechnete.[40] Immer mehr Schulden müssen gemacht werden, damit überhaupt noch etwas »geht«. Immer größere Mengen an Notenbankgeld sind nötig, um die Wirtschaft des Westens am Leben zu erhalten und die Herrschaft der Finanzeliten zu festigen.

In den USA stieg die Geldmenge M1 (Bargeld und Notenbankgeld) von 5 Prozent der Wirtschaftsleistung 1958 auf 15 Prozent im Jahr 2014. Das ist eine Verdreifachung.[41] Absolut stieg M1 von 276 Milliarden Dollar im Jahr 1975 auf 2,1 Billionen im Januar 2016.[42] Viel stärker als M1 sind die breiter gefassten Geldmengen M2 und M3 gestiegen, die auch Termingelder und andere Geldmarktinstrumente beinhalten. Wohl um diesen Trend zu verschleiern, publiziert die amerikanische Notenbank Fed seit 2005 die Geldmenge M3 nicht mehr. So kann man auch mit einem Problem umgehen.[43] Allerdings erinnert das stark an die Spätphase der DDR.

Die Wertaufbewahrungsfunktion des Geldes ist nur noch unzureichend gegeben. Allein in den letzten zwanzig Jahren ist in Deutschland der offizielle Verbraucherpreisindex von 80 auf 107 gestiegen – ein Preisanstieg um ein Drittel.[44] Die tatsächliche Geldentwertung dürfte wesentlich höher sein, wenn man bedenkt, wie in der offiziellen Statistik die Inflationszahlen beschönigt werden.[45]

Weil das marktwirtschaftliche Instrument des leichten Geldes zunehmend versagt, müssen Zwangsmaßnahmen her, an erster Stelle die Einführung von Negativzinsen. Wenn Bargeld erst einmal keine große Rolle mehr spielt, können wir viel schneller enteignet werden – eine einfache Abbuchung vom Konto reicht. Sie können Ihr Geld dem Zugriff nicht mehr entziehen. Die rund 5 Billionen Euro an Geldvermögen hält hierzulande vor allem die Mittelschicht, während die Reichen ihr Vermögen breit gestreut haben – in Immobilien, Aktien, direkten Unternehmensbesitz und alternative Investments. Die drohende Enteignung der Mittelschicht alleine reicht als Grund, um Bargeld mit aller Macht zu verteidigen.

Eine Neuorganisation des Weltfinanzsystems müsste allerdings die neuen globalen Realitäten berücksichtigen. Und das wollen vor allem die USA nicht. Die US-Wirtschaftsleistung macht nicht mehr, wie es 1944 bei der Gründung des Währungssystems von Bretton Woods der Fall war, 40 Prozent der Weltwirtschaft aus, sondern nur noch 22 Prozent.[46] Bereits heute ist China die zweitgrößte

Wirtschaft der Welt – seine Wirtschaftsleistung ist von 14 Prozent der amerikanischen im Jahr 2008 auf 60 Prozent im Jahr 2015 gestiegen.[47] Wenn sich China wieder fängt, könnte es die USA in wenigen Jahren überrunden.

Die USA dominieren immer noch die internationalen Institutionen wie den IWF und die Weltbank und stellen mit dem Dollar die Hauptwährung der Welt. Diese privilegierte Stellung wollen sie gerne behalten und betreiben eine rücksichtslose Interessenpolitik zum Wohle und unter Nutzung der Machtmittel der eigenen Unternehmen – allen voran die Technologiekraken Microsoft, Google, Facebook, Apple und Amazon. Kein Wunder, dass stolze deutsche Unternehmen wie VW, Siemens, die Deutsche Bank, aber auch Großkonzerne wie UBS, Credit Suisse, BP, Total, Sony und Toyota mittlerweile eher als zahme Tiger daherkommen, die vor allem darauf bedacht sind, die amerikanischen Gerichte und U.S.-Behörden zufriedenzustellen. Ist es nicht erstaunlich, wie sich die »Skandale« in europäischen Konzernen mehren? Daran sind auch sehr einseitige Standards seitens der USA wie im VW-Fall und eine extrem harte Verfolgung durch U.S.-Gerichte schuld. Und die amerikanischen Technologiekraken dürfen weiter europäische Gesetze brechen. So kann Wirtschaftskrieg auch aussehen.

Mein Professor an der Princeton University, Robert Gilpin, legt in seinem großen Werk »Krieg und Veränderung in der Weltpolitik« dar, wie die großen Umbrüche im Weltsystem stattfinden.[48] Wenn ein Land zu lange dominiert, erlahmt seine Wirtschaftskraft, weil seine Bürger und Eliten durch die Privilegien anspruchsvoll und leistungsunwillig werden. Andere Wirtschaftsmächte steigen auf. Weil aber die Führungsmacht sich an ihre Privilegien gewöhnt hat, verteidigt sie diese mit allen diplomatischen und sonstigen Mitteln. Das machte England Ende des neunzehnten Jahrhunderts, als das Deutsche Reich mit seiner weitaus überlegenen, auf Produktion statt kolonialer Ausbeutung beruhenden Wirtschaft England zu überrunden drohte. Auch John Maynard Keynes sah die unterschiedlichen Wachstumsraten von Großmächten als eine der Hauptursachen großer Konflikte an.[49]

Meistens wird daher der Wechsel im Zentrum der Weltwirtschaft von größeren Kriegen begleitet. So war es bei den neun englisch-spanischen Kriegen Ende des sechzehnten bis Anfang des neunzehnten Jahrhunderts und den vier englisch-holländischen Seekriegen Mitte des siebzehnten bis Ende des achtzehnten Jahrhunderts. Und so war es, als Anfang des zwanzigsten Jahrhunderts die USA, Deutschland und Japan in den Startlöchern standen, England als dominante Wirtschaftsmacht abzulösen. Wer davon? Das war die entscheidende Frage der internationalen Ordnung im zwanzigsten Jahrhundert, und wir wissen, wie sie gelöst wurde. Zwei Weltkriege fanden statt, bis eine neue Ordnung geboren wurde.

Die Vereinigten Staaten von Amerika sind ein modernes Imperium, das auch deswegen funktioniert, weil sie die Wirtschaftskraft der abhängigen Regionen – allen voran Europa – anzapfen. Europäisches Kapital fließt in die USA. Viele der besten Köpfe Europas wandern ab.[50] Die USA verfügen über die bei weitem größte Militärmacht der Welt und die bei weitem aufwändigsten Geheimdienste. Und mit dem Oligopol der Technologiekraken über effektive, regierungsnahe Unternehmen, um die Bevölkerung, Unternehmen und Politiker auszuspionieren und zu kontrollieren. Nur nach China und Russland reicht der Arm der amerikanischen Datenkraken noch nicht.

Ohne den permanenten »Braindrain« – die Abwanderung talentierter Menschen aus anderen Ländern in die USA – und die Nutzung vor allem der Ressourcen Europas und Japans unter dem Mantel »internationaler Koalitionen« – wäre das Imperium schon lange am Ende. Andrew Bacevich, erzkonservativer Ex-Panzeroffizier und langjähriger Leiter des Zentrums für internationale Beziehungen an der Boston University, warnte, dass die USA nur noch dann handlungsfähig seien, wenn es darum ging, Krieg zu führen.[51] Der konservative Vordenker Robert Kaplan fordert ein »heidnisches Ethos«, damit Amerika weiter führen könne.[52]

Ich habe 2005 neben der deutschen auch die amerikanische Staatsbürgerschaft angenommen. Mit meinem »amerikanischen Herzen« teile ich fest die Auffassung von John Quincy Adams, dem amerikanischen Patrioten und sechsten Präsidenten der Vereinigten Staaten: »Sie (Amerika) geht nicht nach Übersee, um Monster zu zerstören. Sie wünscht allen Freiheit und Unabhängigkeit. Aber sie vertritt und verteidigt nur sich selber.«[53] Leider ist dies in den USA derzeit eine Minderheitenmeinung.

Anstelle globaler Reformen im Finanzsystem sehen wir, dass nun globale Konflikte zunehmen. In vielen Regionen der Welt gärt es. Krieg, Bürgerkrieg und Unruhen nehmen überhand. Deutschland wird von Flüchtlingsströmen überschwemmt. Hoffen wir, dass den USA und ihren Vasallen eine friedliche Reform des Geldsystems gelingt. Wenn das nicht der Fall ist, sind die Konsequenzen für Europa fatal.

Nach dem Zweiten Weltkrieg entschuldeten sich die

Vereinigten Staaten mittels finanzieller Repression, mit einem Zinssatz unterhalb der Inflationsrate. Damals betrug die Staatsverschuldung rund 120 Prozent der Wirtschaftsleistung. Aber Bürger und Finanzinstitutionen kauften weiter amerikanische Staatsanleihen und nahmen negative Realzinsen in Kauf. Nach dreißig Jahren – Mitte der siebziger Jahre – waren die Staatsschulden in den USA wieder auf ein normales Maß gesunken.

So viel Zeit werden wir diesmal nicht haben. Die Neuordnung unseres Finanzsystems kann nur auf der Basis radikaler staatlicher Eingriffe erfolgen. Die Bargeldabschaffung würde solche Eingriffe massiv erleichtern. Wenn die Staatsanleihen vor allem von Notenbanken und Versicherungen gehalten werden und zudem das Bargeld weitgehend verdrängt ist, lässt sich eine Währungsreform unkompliziert und weitgehend geräuschlos durchführen. Für die Deutschen wäre es – nach 1921 und 1948 – die dritte Enteignung in hundert Jahren.

Wir werden dosiert zensiert
Menschen achtlos diffamiert
Wie eine träge Herde Kühe
schau'n wir kurz auf und grasen dann gemütlich weiter

Herbert Grönemeyer[54]

Schöne neue Welt der Datenkraken

Die Bargeldabschaffung oder seine weitgehende Verdrängung macht uns nicht nur zu Geiseln der Banken, sondern auch zu völlig transparenten Konsumenten. Wenn das Bargeld abgeschafft oder streng limitiert würde, könnten Staat oder Banken – oder beide in Komplizenschaft – mit Hilfe der heutigen Informationstechnologie die Geldflüsse sehr präzise steuern. Es wäre möglich, dass bestimmte Haushalte dann bestimmte Güter nur noch in einer gewissen Menge oder zu einem festgelegten Zeitpunkt kaufen könnten. Das wäre wie ein perfektes Bezugsscheinsystem, gegen das die Kriegswirtschaft der Nazis oder die Planwirtschaft im Ostblock Kinderspiele waren – zumindest, was die technischen Möglichkeiten angeht. Neben der Wertaufbewahrungsfunktion wäre dann also auch die Funktion des Geldes als eines frei zirkulierenden Tauschmittels stark eingeschränkt oder aufgehoben.

Aber auch die Funktion des Rechenmaßstabs würde Bargeld im »Technologischen Totalitarismus«[55] weitgehend verlieren.

Schon heute ist der Datenschutz weitgehend ausgehöhlt. Die amerikanischen Technologiekraken machen mit den Daten von Nicht-U. S.-Bürgern praktisch, was sie wollen. Wenn in Zukunft immer mehr Handel digital abgewickelt wird, werden auch immer mehr Daten zum Zahlungsverkehr bei den e-Commerce-Anbietern landen.

Die Funktion des Rechenmaßstabs kann ausgehebelt werden, indem für jedes Individuum und womöglich noch für verschiedene Zeitpunkte unterschiedliche Preise ausgerufen werden. Amazon & Co., Reiseanbieter und viele andere können und werden zunehmend für jeden Kunden im Netz individuelle Preise aufrufen und individuelle Angebote machen. Jedem wird dann so viel berechnet, wie er bereit und in der Lage ist zu zahlen. Damit ist die Vergleichbarkeit von Waren und Dienstleistungen nicht mehr gegeben.

Individuelle Preise zerstören die Basis unserer Rechts- und Wirtschaftsordnung. Wir haben dann keinerlei Bezug mehr zu den Kosten der entsprechenden Produkte und können Dienstleistungen nicht mehr vergleichen. »Nutzenorientierte Preisfestsetzung« ist die moderne Version der Wegelagerei oder des Wegezolls, den Raubritter im Mittelalter gerne Reisenden abpressten, wenn sie durch ihr Territorium reisen wollten. Individuelle Preise sind ein großer Schritt von der durch Recht und Gesetz geregelten Marktwirtschaft zur reinen Machtwirtschaft. Ohne Bargeld, gekoppelt mit einer Kundenkarte, können wir dem geschlossenen System eines Anbieters fast nicht mehr entkommen. Die Preistransparenz, Basis einer modernen und fairen Wirtschaft, ist dann abgeschafft.

Die schon jetzt übermächtigen Technologiekraken würden allmächtig, wenn auch noch das Bargeld weitgehend verschwände. Dann wäre totale Kontrolle möglich, der man sich vielleicht noch als Einsiedler und Ökobauer entziehen könnte. Vielleicht.

Norbert Häring berichtet, dass in China die Regierung an einem Sozialpunktesystem arbeitet, das mit Daten von Banken, kommerziellen Webseiten und sozialen Medien gefüttert wird. Für erwünschtes Verhalten werden Punkte gutgeschrieben, unerwünschtes Verhalten wird mit Punktabzug bestraft. »Wohin man geht, was man kauft, wie man von seinen Schülern bewertet wird, alles bringt oder kostet Punkte (…)«[56] Ein solches unmerkliches »Nudging« (= anschubsen) ist die perfekte Sozialkontrolle.

Bargeld ist nicht notwendig, um eine komplexe Wirtschaft zu organisieren. In der Hochkultur Ägyptens etwa haben Beamte und Verwalter des Pharaos die damals modernste Wirtschaft der Welt ohne Geld mit Hilfe von Buchhaltungssystemen betrieben. Auch in den Planwirtschaften des sozialistischen Blocks spielte Bargeld nur eine untergeordnete Rolle. Aber frei zirkulierendes, stabiles, staatliches Geld ist ein wichtiger Bestandteil einer freien Gesellschaft und transparenten Wirtschaftsordnung. Bargeld übt eine »Ankerfunktion« aus. Es ist eine der letzten Schranken gegen die Herrschaft der Finanzoligarchie, die vollkommene Transparenz und Steuerbarkeit sowie die Macht der großen Konzerne. Rettet das Bargeld!

> *Kämpfen für ein Land*
> *wo jeder noch reden kann*
> *herausschrei'n, was ihm weh tut*
> *(...) die Zeit rennt weg, wir müssen's angehn*
>
> Herbert Grönemeyer[57]

Fast ohnmächtig vor Wut der Gewalt entgehen

Gewalt muss nicht physisch sein. Es gibt auch »strukturelle Gewalt«, bei der wir einem System unterworfen werden, gegen dessen Zwänge wir uns kaum noch auflehnen können. Man könnte aufschreien, wenn man einmal begriffen hat, mit welch perfiden Methoden uns Konzerne und ihre Propagandisten in Politik und Ökonomie an eine Welt gewöhnen wollen, in der die Herrschaft der Finanzbranche und der großen Technologieunternehmen zusammen mit einer gefügigen Politik absolut ist.

Sowohl unmittelbar nach der Finanzkrise als auch während der Eurokrise ging eine Welle der Empörung durchs Land. Leider hat sie beide Male nicht allzu viel bewirkt. In der Finanzkrise haben wir die unsoliden Banken, in der Eurokrise ein ungesundes System gerettet, das dadurch noch mehr in Schieflage geraten ist. All dies ist nur ein Vorspiel zu dem, was uns droht, wenn die Bargeldgegner sich weitgehend durchsetzen können. Bezahlchips unter unserer Haut, Sozialpunktesysteme zur Belohnung »guten« und zur Sanktionierung »schlechten« Verhaltens, die weitere Enteignung der Mittelschicht im Endspiel und die durch nichts mehr kontrollierte Herrschaft der großen Finanzkonzerne sind nur einige Facetten der schönen neuen Welt ohne Bargeld.

Vielleicht müssen wir uns angesichts einer Weltbevölkerung, die 2050 bis auf 10 Milliarden Menschen ansteigt, damit arrangieren, in einem Kontrollstaat zu leben.[58] Aber die Privatsphäre ist eine Errungenschaft, auf die die meisten Menschen ungern verzichten. Ich habe die Hoffnung nicht aufgegeben, dass es Alternativen zum totalen Überwachungsstaat gibt und dass wir das, was unsere Eltern, Großeltern und Urgroßeltern uns in den letzten zweihundert Jahren an Bürger- und Freiheitsrechten erkämpft haben, zumindest zum großen Teil für unsere Kinder bewahren können.

Der Erhaltung des Bargelds kommt dabei eine Schlüsselrolle zu, denn Bargeld ist in vielen Ländern gesetzliches Zahlungsmittel. § 14, Absatz 1 des Bundesbankgesetzes besagt: »Auf Euro lautende Banknoten sind das einzige unbeschränkte gesetzliche Zahlungsmittel.« Im Vertrag über die Europäische Union steht in Artikel 128: »Die von der Europäischen Zentralbank und den nationalen Zentralbanken ausgegebenen Banknoten sind die einzigen Banknoten, die in der Union als gesetzliches Zahlungsmittel gelten.« In den USA steht auf jedem Geldschein: »This note is legal tender, for all debts, public and private.« Die Bundesbank erklärt die Bedeutung von § 14 Bundesbankgesetz auf ihrer Website wie folgt: »Jeder Gläubiger einer Geldforderung muss vom Schuldner Banknoten in unbegrenztem Umfang als Erfüllung seiner Forderung annehmen, sofern beide nichts anderes vereinbart haben.«

Nach der Lektüre dieser Schrift wissen Sie, dass am Bargeld so viel mehr hängt als nur unser Recht, bar zu bezahlen. Letztlich geht es um unsere Bürgerrechte und die Verhinderung eines Kontrollstaats. Staatliche Stellen müssen Bargeld annehmen, denn Bargeld ist gesetzliches Zahlungsmittel. Norbert Häring ist der hartnäckigste Kämpfer, dieses Recht durchzusetzen. Seit Februar 2015 befindet er sich im Clinch mit dem »Beitragsservice ARD, ZDF, Deutschlandradio« (früher Gebühreneinzugszentrale, GEZ). Er widerrief seine Einzugsermächtigung für die Rundfunkgebühren und besteht darauf, bar zu bezahlen. Nach einiger Zeit erhielt Häring ein Schreiben, dass die Annahme von Bargeld mit der Rechtslage nicht vereinbar sei. Das ist auch deswegen pikant, weil einige Rundfunkanstalten durchaus Bargeld annehmen. Häring reichte am 18. August 2015 Klage beim Verwaltungsgericht in Frankfurt ein.

Beim Widerstand gegen die bargeldlose Welt haben Sie das Bundesbankgesetz und den EU-Vertrag im Rücken. Anders als bei den rechtswidrigen Gesetzen zur Euro-Rettung können Sie selbst gegen die Bargeldabschaffung aktiv werden.

1. Zahlen Sie einfach so oft wie möglich mit Bargeld. Es bieten sich an: Tankstellen, Einkäufe von Lebensmitteln und Bekleidung, Restaurants, Baumärkte, Buchläden, Raumausstattung und vieles andere. Gerade bei Tankstellen und Lebensmittelmärkten wird zunehmend bargeldlos gezahlt. Das muss nicht sein. Ein positiver Nebeneffekt: Sie unterstützen damit wahrscheinlich tendenziell eher kleinere Unternehmen.
2. Nehmen Sie etwas Bargeld von der Bank und verwahren Sie es an einem sicheren Ort. Eine Mengenempfehlung möchte ich nicht geben, denn das hängt davon ab, wie sicher Sie das Geld aufbewahren können und wie viel Sie insgesamt haben. So sind Sie vorbereitet, wenn irgendwann vielleicht einmal ein Bank-Run wie in

Griechenland droht. Nachdem die Banken dort im Juni 2015 geschlossen wurden, können die Bürger nur noch 60 Euro pro Tag abheben. Um ein Guthaben von 50 000 Euro abzuheben, würden sie also mehr als zwei Jahre benötigen. Beugen Sie vor!

3. Wenn Sie bereit sind, hartnäckiger zu kämpfen, machen Sie es wie Norbert Häring und widerrufen Sie Ihre Einzugsermächtigung beim öffentlichen Rundfunk. Aber versuchen Sie es besser nicht beim Finanzamt. Das Finanzamt fackelt nicht lange, und Kontenpfändungen sind keine schöne Sache. Auch wenn das Recht auf Ihrer Seite ist.
4. Schließen Sie sich meiner Petition gegen die Bargeldabschaffung im Internet an: www.rettet-unser-bargeld.de.
5. Diskutieren Sie mit Freunden, Kollegen und Verwandten über die Gefahren der Bargeldabschaffung. Vielen sind die Gefahren überhaupt nicht bewusst! Entlarven Sie die Scheinargumente der Bargeldabschaffer.

Jede Handlung zählt. Jedes Mal, wenn Sie als Bürger für das Bargeld eintreten, wenn Sie an der Tankstelle mit Bargeld anstelle mit der Karte bezahlen, wenn Sie auf die Gefahren der Bargeldabschaffung hinweisen, kämpfen Sie für unser aller Freiheit! Gegen totale Überwachung. Für eine Wirtschaftsordnung, in der der Einzelne noch etwas zählt. Dafür lohnt es sich zu kämpfen!

Anmerkungen

1 Max Otte, Stoppt das Euro-Desaster, Berlin 2011
2 www.handelsblatt.com/politik/international/davos/davos-2016-deutsche-bank-chef-outet-sich-als-bargeld-skeptiker/12858142.html
3 Dieser Begriff geht auf den amerikanischen Ökonomen Joseph Salerno, akademischer Vizepräsident des Ludwig von Mises Instituts, zurück. mises.org/library/international-war-cash
4 www.welt.de/wall-street-journal/article127152161/Unser-Geld-ist-viel-dreckiger-als-gedacht.html
5 Aldous Huxley, Schöne neue Welt, München 1980 (Erstauflage 1932)
6 www.youtube.com/watch?v=iVAegqYJ50c&app=desktop
7 Norbert Häring, Die Abschaffung des Bargelds und die Folgen. Der Weg in die totale Kontrolle, Köln 2016
8 www.zeit.de/wirtschaft/2014-06/infografik-bargeld
9 www.manager-magazin.de/koepfe/hedgefonds-star-zulauf-warnt-vor-ddr-light-a-1039499.html
10 www.icethesite.com/2013/04/bjorn-ulvaeus-has-stopped-using-cash/
11 Max Otte, Stoppt das Euro-Desaster!, Berlin 2011, S. 18 ff.
12 Der Begriff wurde vom angesehenen amerikanischen Verfassungsrichter Louis Brandeis, dem ersten jüdischen Mitglied des Supreme Court, um 1910 geprägt. Louis Brandeis, Das Geld der anderen: wie die Banker uns ausnehmen, München 2012
13 Norbert Häring, Die Abschaffung des Bargelds und die Folgen, Köln 2016, S. 30 ff.; Ulrich Horstmann und Gerald Mann, Bargeldverbot. Alles, was Sie über die kommende Bargeldabschaffung wissen müssen, München, 3. Auflage 2016

14 Horstmann und Mann, Bargeldverbot. München, 4. Aufl. 2016.
15 http://www.icethesite.com/2013/04/bjorn-ulvaeus-has-stopped-using-cash/
16 http://www.welt.de/wall-street-journal/article127152161/Unser-Geld-ist-viel-dreckiger-als-gedacht.html
17 http://www1.wdr.de/wissen/geld-und-hygiene-100.html
18 www.cesifo-group.de/de/ifoHome/presse/Pressemitteilungen/Pressemitteilungen-Archiv/2014/Q4/press_20141119_rogoff.html
19 Häring, Die Abschaffung des Bargelds und die Folgen, S. 39
20 Ebd., S. 34 ff.
21 »It is well enough that people of the nation do not understand our banking and monetary system, for if they did, I believe there would be a revolution before tomorrow morning.« Online unter: blogs.wsj.com/totalreturn/2011/11/15/the-wrong-guru-for-occupy-wall-street/
22 Otte, Stoppt das Euro-Desaster, S. 18 ff.
23 Unternehmen, die Bankgeschäfte tätigen, aber nicht als Bank anerkannt sind bzw. beaufsichtigt werden
24 Häring, Die Abschaffung des Bargelds und die Folgen, S. 140
25 Helge Peukert, Die große Finanzmarkt- und Staatsschuldenkrise – eine kritisch heterodoxe Untersuchung, 2., korrigierte und erweiterte Auflage, Marburg 2011
26 Zu Investmentbanken und Investmentgesellschaften siehe Otte, Stoppt das Euro-Desaster, S. 13 ff.
27 Ulrich Horstmann, Die geheime Macht der Ratingagenturen. Die Spielmacher des Weltfinanzsystems, München 2013
28 Sandra Navidi, Super Hubs – wie die Finanzelite und ihre Netzwerke die Welt regieren, München 2016
29 www.sueddeutsche.de/wirtschaft/ehemaliger-cdu-politiker-medienbericht-friedrich-merz-soll-aufsichtsratschef-bei-blackrock-werden-1.2822593
30 Häring, Die Abschaffung des Bargelds und die Folgen, S. 46 f.
31 Ebd., S. 116
32 Sahra Wagenknecht, Reichtum ohne Gier. Wie wir uns vor dem Kapitalismus retten, Frankfurt 2016, S. 215
33 Häring, Die Abschaffung des Bargelds und die Folgen, S. 138 ff.

34 Wagenknecht, Reichtum ohne Gier, S. 210
35 Oswald Spengler, Jahre der Entscheidung – Deutschland und die weltgeschichtliche Entwicklung, München 1933, Kap. 9, S. 49
36 Willem Middelkoop: Der große Neustart. Kriege und die Zukunft des globalen Finanzsystems, München 2015, mit einem Vorwort von Max Otte
37 Dieses von Jonathan Mauldin und John Tepper stammende Bild habe ich meines Wissens als Erster in Deutschland verwendet. John Tepper und Jonathan Mauldin, Endgame. The end of the debt supercyle and how it changes everything, New York 2011
38 Max Otte, Der Crash kommt. Die neue Weltwirtschaftskrise und was Sie jetzt tun können, Berlin 2006
39 Rede von Mario Draghi auf der globalen Investmentkonferenz der EZB am 26. 7. 2012, www.ecb.europa.eu/press/key/date/2012/html/sp120726.en.html
40 www.mckinsey.de/weltweite-verschuldung
41 1.bp.blogspot.com/-Kii3siH4vho/Ujgbk7uvY2I/AAAAAAAAXSE/W5BVhi1SIiU/s1600/M1+GDP4.png
42 research.stlouisfed.org/fred2/series/M1
43 Otte, Der Crash kommt, S. 155
44 www.inflation-deutschland.de/
45 Otte, Der Crash kommt, S. 147 ff., www.shadowstats.com/alternate_data/inflation-charts, www.foonds.com/article/6431/print
46 statisticstimes.com/economy/world-gdp-ranking.php
47 Otte, Der Crash kommt, Berlin, 1. TB-Auflage 2009, S. 73 ff., statisticstimes.com/economy/world-gdp-ranking.php
48 Robert Gilpin, War and Chance in World Politics, Cambridge 1981
49 John Maynard Keynes, The Economic Consequences of the Peace, 1919
50 Dass die USA ein modernes Imperium sind, ist mittlerweile vielfach thematisiert. In einem der ersten Bücher dazu schreibt mein Freund Andy Bacevich, dass Amerika nur noch dann einig ist, wenn es darum geht, Kriege zu führen, innenpolitisch aber faktisch handlungsunfähig ist und Gefahr läuft, die Seele der Republik zu verlieren. Andrew J. Bacevich, American Empire. The

Realities and Consequences of U. S. Diplomacy, Cambridge 2003
51 Ebd.
52 Robert Kaplan, Warrior Politics: Why Leadership Demands a Pagan Ethos, New York 2003
53 But she goes not abroad, in search of monsters to destroy. She is the well-wisher to the freedom and independence of all. She is the champion and vindicator only of her own.
54 Herbert Grönemeyer: »Jetzt oder nie«, LP 4630 Bochum, 1984
55 Frank Schirrmacher (Hg.), Technologischer Totalitarismus. Eine Debatte. Berlin 2014, hierin Max Otte, Je größer die Mythen vom Netz, desto kleiner die Menschen, S. 217–224
56 Häring, Die Abschaffung des Bargelds und die Folgen, S. 93 f.
57 Grönemeyer, »Jetzt oder Nie«
58 www.weltbevoelkerung.de/uploads/tx_aedswpublication/FS_Entw_Projekt_web_02.pdf